Plataforma Logística PLA-ZA
Calle Osca, 4. 50197 Zaragoza
www.imaginarium.es

I.S.B.N. 978-84-9780-166-9
Depósito legal: Z-2596-2004
Impreso en la CE

Una fábula de animales

Ángel de Pedro

Cuentan que en una ocasión Júpiter, el poderoso padre de los dioses romanos, convocó a todos los animales de la Tierra. Cuando se presentaron, se fue dirigiendo a ellos uno por uno para preguntarles si creían tener algún defecto. De ser así, él prometía mejorarlos hasta que quedaran satisfechos.

–¿Qué dices tú, la mona?

–¿Me hablas a mí? –saltó la mona–. ¿Yo defectos? ¿Estás bromeando?, me miré en el espejo y me vi divina. En cambio el oso, ¿se fijaron?... ¡No tiene cintura!

–¡Que hable el oso! –ordenó Júpiter.

–Aquí estoy –dijo el oso con voz profunda y cavernosa, un poco enfadado de que lo hubieran sacado de su montaña–, con este cuerpo perfecto que me dio la Naturaleza. ¡Suerte no ser una mole como el elefante!

–¡Que se presente entonces el elefante!

–Francamente, señor –explicó el paquidermo levantado mucho la trompa para que todos le oyeran–, no tengo de qué quejarme. Desgraciadamente, no todos pueden decir lo mismo. Ahí tiene al avestruz, sin ir más lejos, con esas orejitas ridículas...

–¡Que pase el avestruz!

–Por mí, no se moleste –dijo el avestruz cuando consiguió sacar la cabeza del agujero en que la había metido–. Tengo una cara con mucho carácter. ¿Y qué me decís de mis impresionantes pestañas? ¿Y mi cuerpo? ¡Soy tan proporcionado! En cambio, la pobre jirafa, con ese cuello...

Júpiter le dio la palabra a la jirafa quien, inclinándose para ponerse a la altura de los otros, dijo que los dioses habían sido muy generosos con ella:

–Gracias a mi estatura alcanzo los brotes más tiernos de los árboles y puedo contemplar los hermosos paisajes de la tierra y los continuos cambios en el cielo. No como la tortuga, que sólo ve justo la tierra que pisa.

La tortuga, por su parte, estaba convencida de tener un físico excepcional y, cuando consiguió acercarse al dios después de un buen rato, aseguró:

–Mi caparazón es un refugio: no me sorprende la lluvia, ni me quema el sol y yo nunca llego tarde a casa. Unas veces vivo junto al río y otras, tengo vistas al mar. ¡Cuando pienso en la víbora, que está siempre a la intemperie...!

–¡Que comparezca la víbora! –ordenó Júpiter algo fatigado.

Ésta llegó arrastrándose entre las patas de los otros animales, que se apartaban a su paso, y habló con lengua viperina y silbante:

–Ssssoy lisssssíssssima y sssiempre esssstoy sssssuperssssuave, no como esssse ssssapo, que essss un ssssaco de verrugassss.

El padre de los dioses pensó que ahora sí había encontrado un animal al que había fabricado algo defectuoso. Pero el sapo no opinaba igual.

–Verdaderamente, resultaría imposible mejorarme. ¿Habéis visto mis patas traseras, tan flexibles que puedo batir records de salto sin esfuerzo? Piense en el cocodrilo: todo el día llorando por culpa de esas pata tan cortas.

Y, de un salto larguísimo, se zambulló en una charca fangosa.

–¡Que venga el cocodrilo! –ordenó Júpiter, que ya empezaba a sospechar que, a pesar de su infinita sabiduría, esta asamblea no había sido una idea muy acertada.

–Dudo ni siquiera usted fuera capaz de mejorar mi cuerpo aerodinámico y mi cola poderosa –sollozó el cocodrilo y le dio tan tremendo golpe al tronco de una palmera, que una lluvia de cocos hizo huir a toda prisa a la cebra, el canguro, el armadillo y el mapache–. No puede decirse lo mismo del hipopótamo: ganaría mucho con unos kilitos menos.

El hipopótamo se adelantó moviendo su inmenso cuerpo rítmicamente a un lado y a otro. Con voz reposada dijo:

–Sólo la envidia puede haber movido al cocodrilo a hablar así. Yo me encuentro en mi peso ideal. Y tengo una salud de hierro, por no hablar de mi dentadura magnífica. Pregunte a cualquier animal de esos tan esmirriados que se los lleva el viento.

–¡Basta! –exclamó Júpiter–. Sólo falta que un animal ciego como el topo critique la vista del águila.

–Precisamente, quería decir dos palabras sobre el particular: –empezó el topo, dirigiéndose a un rinoceronte al que confundió con el dios–, el águila tiene buena vista, nadie lo niega. Pero, ¿no es horrible su cogote pelado?

–¡Esto es el colmo! –dijo Júpiter, dando por terminada la reunión–: todos se creen perfectos y piensan que los que deben cambiar son los otros.

Y se volvió para su palacio en el monte Olimpo con una horrible jaqueca.

Suele ocurrir: Sólo tenemos ojos para los defectos ajenos y llevamos los propios bien ocultos, en una mochila a nuestra espalda.